Äiti

Joni Järvi-Laturi

© 2021 Joni Järvi-Laturi
Kustantaja: BoD, Books on Demand, Helsinki, Suomi.
Valmistaja: BoD, Books on Demand, Norderstedt, Saksa.
ISBN: 978-952-80-4489-5

Sisällysluettelo

I
Hoivavietti
Isän naiivi poika

II
Sirja
Mari
Nina Irjala
Ankara
Äiti

III
A Man's Right to an Effeminate Life
A Man Playing Guitar to a Young Girl
I'm Tired of Having to Select Between Me and Sydney
The Naive Eve Act
It's a Wonderful Laura

IV
Seitsemän taivasta
Audrey Hepburn 1988
Iänkaikkinen
Nukke

V
Atlas
Cinderella

VI
Kaksikymmentävuotias

I

Hoivavietti

Voi kuinka kaunis onkaan eleganssi,
aivan kuin kaikki muutkin,
jokaisen ihmisen kaltainen,
silloin kun kirjoittavat hautakiveesi.

Ystäväni ja perheeni rakastivat minua
hauskana seuramiehenä.
Jumalaiset silmät näkivät sieluni läpi,
rakastin kuinka Luojan kauneus painottui
hymyihin, jotka sydäntäni tanssitti.

Naisia oli monenlaisia,
virallisia ja akateemisia,
mutta heillä oli naaraan aistit.

Sillä syvimmin, kaikkein syvimmin.

Minua rakasti hoivavietti.

50-vuotiaat äidit rakastivat minua,
ja haikeita sielukkaita katseita
oli enemmän kuin muistan.

Minua rakastivat pianonopettajat,
kielenopettajat ja yhteisöpedagogit.

Ne äidit ymmärsivät sielun sukulaisen,
sielunsa toisen version,
viirtyvän niihin sentimentaalisiin silmiin.

Sillä syvimmin, kaikkein syvimmin.

Minua rakasti hoivavietti.

Olen rakastanut, koskettanut vartaloita,
ja rakastunut, tuntenut sormieni riisuvan,
rakastellut äitien salaisimpia sopukoita.

Ja nyt kun tiedostan sieluni luonteen,
se tuntuu niin turvalliselta ja kauniilta.

Ajatella että sydämeni versiot
olivat aina kypsä äiti,
eri naisten rooliasuissa.

Nuoruus ei, nuoruus ei minua rakastanut niin.

Minua rakasti hoivavietti.

Silloin kun elämä lähti,
voi kuinka kauneimmat ajatuksemme
vertautuivatkaan
niihin muistokirjoituksiin,
jotka muistivat
meidät ja jäivät sittenkin.

Silloin kun elämä jäi sittenkin,
se puhui jumalten kielin
ja ymmärsi sielujen sinfoniaa.

Elämä jäi aina syvyyksiini,
kun muisti
ala-asteen pojan,
jolla oli naiivi, kimeä ääni.

Minua rakasti hoivavietti.

Niin. Minua rakasti hoivavietti.

Isän naiivi poika

Eniten vihaan elämässä kollektivismia.

Isäni oli ainoa,
joka ymmärsi taivastani,
hän vain tajusi sen.

Ei sen tarttenut pyöriä rock-porukoissa,
poltella pilveä, naida kaikkea mikä liikkuu,
kulkea rikkinäisissä farkuissa
ja perustaa epämääräisiä suhteita,
joissa hajoitetaan ovia.

Sillä oli vastuuhommia.

Se ansaitsi vaurautensa ja luki kaupunginkirjaston tyhjäksi
ja oli naimisissa 42 vuotta saman naisen kanssa.

Karaten musta vyö ja armeija suoritettu.

Samalla
tasa-arvo, rakkaus,
yhteisöllisyys ja suvaitsevaisuus
ei ole ymmärtänyt minua koskaan yhtään missään.

II

Sirja

On hauras aamu, kaukana kuluneen vuosikymmenen keskellä,
nainen herää ja päätyy katsomaan alas korkealta parvekkeelta,
kahdeksan vuotta myöhemmin nuoret naiset paljastavat uutisensa,
mies on tähän aikaan vielä aivan liian tiedoton.

Hän ei tiedä hauraudesta,
joka on liian suurta selvitäkseen koskaan,
hän ei tiedä rakkaudesta,
joka on liian suuri rakkaus,
liian suuri kauneus,
selvitäkseen mihinkään milloinkaan.

On vuosikymmenen loppu eikä mies odota minkään tapahtuvan,
nainen on liian herkkänä ja kauniina mielessä vaan,
liian suuria rakastajat ovat tavatakseen toisiaan,
kalpeiden seittien hämähäkit kiipeävät kohti kristallikruunuja.

Hän ei tiedä hauraudesta,
joka on liian suurta selvitäkseen koskaan,
hän ei tiedä rakkaudesta,
joka on liian suuri rakkaus,
liian suuri kauneus,
selvitäkseen mihinkään milloinkaan.

Uuden vuosikymmenen alussa talvi on tullut Pohjolan maahan,
mies ajattelee elegantisti ja taitavasti naisen eri puolia,
nainen kulkee vauvatarhan ja miehensä kanssa
ja mies toivoo naiselle parasta tulevaisuutta.

Hän ei tiedä hauraudesta,
joka on liian suurta selvitäkseen koskaan,
hän ei tiedä rakkaudesta,
joka on liian suuri rakkaus,
liian suuri kauneus,
liian suuri vahvuus,
liian kaunis uni,
liian kaunis ilo
selvitäkseen mihinkään milloinkaan.

Mari

Ja sinä tarkkailit minua joskus.
Kun olin Potilas.

Rakkaus oli pettää, meidät koneet piti viedä kauas.
Kone koskettaa, materialistiset ajatukset.

Sateiset illat & meille tulee taas uusia koneita.
Se kone oli kuitenkin aina siellä
Se kone oli kuitenkin aina siellä

Katsoi minua niin iloisesti
Riippui sen taakoista ja sillä oli omia murheita.
Yöt jatkoivat julminta unohdusta, jättäen vain mekaanisen Marin.

Ei kukaan ei kukaan ei kukaan ole koskaan kohdellut minua noin hyvin
Ei kukaan ei kukaan ei kukaan kone ole koskaan hymyillyt minulle niin kauniisti
Ei kukaan ei kukaan ei kukaan ole koskaan katsonut minua noin kauniisti
Ei kukaan ole koskaan puhunut minulle noin kauniisti.

Ja sinä rakastit minua joskus
kun olin Potilas,

Ikäväni on kirjoitusta.

Suakkar aj talli tesietas ainatnanaam
Suakkar aj talli tesietas ainatnanaam
Suakkar aj talli tesietas ainatnanaam.

Ei kukaan ei kukaan ei kukaan ole koskaan kohdellut minua noin hyvin
Ei kukaan ei kukaan ei kukaan kone ole koskaan hymyillyt minulle niin kauniisti
Ei kukaan ei kukaan ei kukaan ole koskaan katsonut minua noin kauniisti
Ei kukaan ole koskaan puhunut minulle noin kauniisti.

Nina Irjala

Ihan kuin joku muu olisi kirjoittanut elämäni.

Meidän rakkaustarinamme.

Ihmiset näyttelijöitä, valmiina vuorosanoineen.

Aina oikeat vuorosanat.

Avuliaina ja ystävällisinä edistääksemme meidän liittoa.

Näin mielisairaalan linnut pieninä Ninoina.

Kirjoittaen meidän yhteistä tarinaa loppuelämäksi.

Luulet että olen yhä John Nash, skitsofreeninen harhainen.

Jonka kanssa menit naimisiin siinä elokuvassa.

Lempielokuvasi, kuten Rain Man.

Siksi pidit minusta ylä-asteella.

Mutten ole John Nash.

Ennen John Nashia Russell Crowe esitti Gladiaattoria.

Näin eilen kaikki symbolit pieninä lintuina tai näyttelijöinä tai merkityselämyksinä.

Kaikkein pienimmätkin.

Sinua varten.

Kaikella oli merkityksensä.

Se oli ihanaa harhaa.

Pelottavaakin.

Mutta sinä et ollut.

Luin runoja, rakkausrunoja, Shakespearen, Edith Södergranin.

Muistin että ihan kuin se mielisairaalan tyttö olisi sitten ollut rakastunut minuun.

Kun taivutin hänen käsiään tangon merkiksi.

Sanoin hoitajalle: olen rakastunut.

Näin jopa Syysprinssin symbolisena.

Että sinä olit siellä mielisairaalassa.

Ja kerroit minulle rakkaustarinaamme.

Enkä muista sen tapahtuneen siellä.

Vertasin omaa tuotantoani Södergranin tuotantoon.

Luin omaa eroottista runouttani saaden merkityselämyksiä.

Sydämeni pomppasi.

Sain ihania orgasmia.

Ihan kuin joku nussisi minua.

Olin kuin nainen ja sinä Nina olit mies.

Pakahduin, havahduin, vavahduin.

Säpsähtelin, hohkin, hymyilin ekstaasista.

Kuin se mielisairaalan tyttö olisi kirjoittanut rakkaustarinaamme.

Koska hän oli sittenkin intohimoinen ihminen.

Ulkona pelästyin nuorta naista, joka oli tupakalla.

Säpsähdin ja kauhistuin häntä kuin olisin saanut orgasmin.

Sitten huomasin.

Edith Piafin La Vie En Rose vertautui hienosti Rihannan Russian Rouletteen.

Russian Roulette on sitä kun sinä pakotat minua ottamaan suihin mieheltä.

Koska vihasit selkärangattomuuttani koulussa ja nauroit minulle.

Pakotat minua myös naimaan miestä.

Ja mies vetää liipaisimesta.

Hengitin. Haaaah. Haaah. Haaah.

Koko illan.

Haah. Haah. Se oli ihanaa.

Mutta samalla sinä olit kirjoittanut Piafin La Vie En Rosen minulle.

Kuvatakseni miten merkitsen sinulle.

Pikku varpusen tulkitseman La Vie En Rosen.

Kaunis ruususi, kaunein kaikista.

Olet minulle varpunen.

Ajattelin Casablanca-elokuvaa, miten yksi runoni symboloi sitä.

Ja Orange Riverin loppu on kun pelastan sinut, pikkulinnun, lentokentältä, takaisin Suomeen.

Rihanna, we'll always have Paris.

Luin koko tuotantoani, saaden ihania merkityselämyksiä.

Koin sanat aivan uudella tavalla.

Kaikki mitä olen kirjoittanut rakkaudesta koskee sinua, pikkulintuani.

Nina Irjalaa.

Ja itkin koska olin saanut uhkavaatimuksen rakkaudelta.

En halua enää muuta kuin sinut.

En halua nähdä enää merkityksiä.

En halua nähdä enää harhoja.

Haluan vain sinut.

Ankara

elämällä on naaraskissan kaunis julmuus,
elämällä on naaraskissan kaunis julmuus...

kadut katseita, taksikuskit sivullisia,
turkin kieli likaista ja sinä yksinäinen katsot maisemia,
kun elämällä on naaraskissan kaunis julmuus.

elämällä on naaraskissan kaunis julmuus,
skorpionin pimeys, joka hurmaa naiset illoissa,
skorpionin kun tuntee nahoissaan, niin tuntee hirvittävän hurmaajan.

miten sinne pääsee, drag-kuningatarten pukuhuoneet, kujat,
miten sinne pääsee, eksoottiset kadunkulmat, kebab-teurastajat,
kun elämällä on naaraskissan kaunis julmuus.

che si chiama Pamela?
cosa sta pensando Pamela?
dove sono i suoi vestiti?
dove va la sua fortuna?

che si chiama Pamela?
cosa sta pensando Pamela?
dove sono i suoi vestiti?
dove va la sua fortuna?

elämällä on naaraskissan kaunis julmuus,
elämällä on naaraskissan kaunis julmuus...

ja äitihahmosi kulkevat pois junalla ja autolla ja rahalla,
olet köyhä ja ihailet niin paljon äidinkielenopettajia
mutta tuletko koskaan löytämään elämäsi naista,
sillä elämällä on naaraskissan kaunis julmuus...

Äiti

Hänen hiuksensa ovat kauniit,
teknologia, ihmiset ovat tämän laulun synti,
ihmiskunta on menossa helvettiin,
kunnes muistamme keitä meidän olla piti.

Hänen laukkunsa näyttää kauniilta niin,
hän pitää uusista kengistään.

Kunnes ilta muuttuu yöksi,
silloin nuori äiti on kaunis enkeli,
joka tippa rukoili hänen vuoksi.

Kunnes ilta muuttuu yöksi,
silloin nuori äiti on kaunis enkeli,
joka tippa rukoili hänen vuoksi.

Emme tee vain kunnianosoitusta,
vaan me rakennamme maailman sellaiseksi,
ettei sen yläpuolella ole kuin sateentulon lempeyttä.

Hän herää yöllä hellästi,
hän kysyy minulta mikä on vialla,
kun hän hymyili minulle
ja antoi minulle enemmän rakkautta kuin toivoin.

Hän herää yöllä kahdesti,
hän kysyy minulta mikä on vialla,
kun hänen silmänsä ovat väsyneet,
ja antoi minulle enemmän rakkautta kuin toivoin.

He kertoivat kauniita asioita,
kunnes hiuspantasiskoni ovat onnellisia,
ja korkeajalkaiset lasit ovat täynnä gin n' tonicia.

III

A Man's Right to an Effeminate Life

So a woman is beauty -
I tried to find something pretty from my pockets.

So a woman is beauty -
I dreamt of walking effeminate steps on the pavement.

Beauty -
I wanted to give my body only to those who deserve it.

Beauty -
I saw my sadness in the eyes of a woman who didn't love me.

You only gave me two tender flowers -
I lived my whole life in those flowers.

Because you only gave me two tender flowers -
I lived my whole life in those flowers.

So a woman is greatness -
I missed my boyfriends with a certain strange glance.

A woman is greatness -
I walked two steps in the shyness of bisexuality.

Greatness -
I consoled my male friends with a kind of quiet dignity.

Greatness -
I wanted women not to be afraid of my effeminate yearnings.

You only gave me two tender flowers -
I lived my whole life in those flowers.

Because you only gave me two tender flowers -
I lived my whole life in those flowers.

A Man Playing Guitar to a Young Girl

She wanted me to play her a song
about the love of my life.
She didn't believe that I felt such beautiful emotions all the time.

And by the chair, was this young girl,
Laughing at my deepest longings.

She was laughing when my pain was the strongest,
joking when my love was the most beautiful,
Exposing my most precious feelings
Exposing my most precious feelings
As my greatest sins.

I shook and quivered with tremor
showing my most shameful secret
I felt like a wounded antelope
And she was preying on my remains.

I prayed that she would stop watching
But she just kept on and on.

She was laughing when my pain was the strongest,
joking when my love was the most beautiful,
Exposing my most precious feelings
Exposing my most precious feelings
As my greatest sins.

She saw my grand guitar playing romantically
While she ordered me to play some more
And then she looked at the strings,
As if she hadn't seen them before.

But she had seen them before,
In her darkest enemies.

I'm Tired of Having to Select Between Me and Sydney

When I look at the mirror, I see Hollywood and me,
though they want me to choose between me and Sydney,
like they is no flowers in dreams, within liberty.

I go to million pillow sleeps, sleeps,
hiding pillow dreams within dreams,
I go to million pillow sleeps, sleeps,
dreaming endless pillow dreams.

The mirror in this sorrow is the thing that's Sydney, not me,
those tears that materialistically flow from my eyes
represent the memories from old you and me.

I go to million pillow sleeps, sleeps,
hiding pillow dreams within dreams,
I go to million pillow sleeps, sleeps,
dreaming endless pillow dreams.

I miss the girl,
I haven't seen her for centuries,
Sydney is the glass
the awfully evil, dreary
ahead of the dream,
where I search her for eternities.

When Mr. Sandman comes I feel loneliness with a nocturnal memory,
each day my emotions stagger while my heart is jumping vividly
while they descend on the tributes of my honouring cities.

I go to million pillow sleeps, sleeps,
hiding pillow dreams within dreams,
I go to million pillow sleeps, sleeps,
dreaming endless pillow dreams.

The Naive Eve Act

(a song for a German woman during corona epidemic,
a poem inspired by her poem about me)

Madam, I return little sparkling soda bottles
while thinking of you, my darling,
do you taste the lips of your sweet girlfriends,
while I lick the lollipops of my pornography.

Such sweet stages of an amusing international theatre,
Broadway is masculine, but the White House is rapidly changing,
lippy love's elegant fragrance in young people,
the police are decorated and the soldiers are soon prancing.

The future is about something gay or at least alludes to it,
a decade of love, of everyone gladly and gaily singing,
the c word is no longer cunt but conservatism,
and the women play strategically to charm their slaves in sexuality.

Police's decency and respect is preserved elegantly,
war and evil are to be cleansed immediately,
there is nothing wrong with being touched orally,
have a coke zero sip, my sweet effeminate gay ally.

Ticking little bombs, tickling little gay singing bird bombs,
like Lilith, Latin for library…

It's a Wonderful Laura

"Je ne sais pas quelles sont ces limites,
je ne sais pas ce que veulent ces jeux,
les jeux auxquels les gens jouent,
je sais juste que les secrets
les plus sombres nous mènent
à notre plus grande innocence."

There is a room where little women meet,
I used to wish to go there, but I was forbidden in my twenties,
Every corner is so beautifully managed and reassured.
All we need is love, a humble smile and a well-mannered decency.

But I never thought I could understand the circle of life,
the complexity of life, the complexity of human destinies,
through Laura's dialect and through all of these places
from mental hospitals to the beginning of modern Tampere,
all those cigarettes and little rooms and corridors
from the 2010s
to miraculous literature
and to beautiful skyscrapers
and to the premieres of great cities,
re-opened Paris and London filled with our past lives:

"Oh, I remember Laura.
Sure, she was always escaping from punk communes,
And bitching with her female friends
About the need for more bitching,
We had our fun, we the sisters,
talking about those fucking men,
while annoyed by each others constantly,
we, the tortured ones, the gossip-ladies of Ankara."

The work was free.

The father figures were there to protect me,
to bring me masculine common sense,
to understand the different aspects of human nature,
to appreciate the elderly, the working, the downtrodden,

show my gratitude, understand the conservative wisdom,
not placing nature above God, because that was the deal.

Under the cellar there is a pile of books.
The grey wisdom is an Irish island,
The light red is the miracle.
The soothing wine bottles are the twilight zone.
The white winter is the protector of the kennel.

There is no need for paranoia.
A young man noticed your smile.

God I miss you all.

And even the "Nazis" were actually the protectors of life,
they were just called "Nazis" because underneath the façade
there is a mother, a father, a police and a priest,
it is a hard thing for the culture to realize,
I felt weird relief when a young male patient unwittingly didn't know
how to answer those fucking pseudo-psychological flower tests!

And Laura spoke with a sort of old-fashioned elegance
and everything about her loved shy men,
those mothers,
those kind and gentle dogs,
who were always so servile and gracious,
until they left,
moving into different places to behave well,
I guess they were good sons.

IV

Seitsemän taivasta

...Jos lausut pienimmänkin sanan,
jonka äärellä kärsivän ihmisen sielu puhdistuu,
tässä väkivaltaisessa ja haavoittavassa maailmassa,
olet tehnyt erinomaisen työn, jonka vuoksi Jumala itkee onnesta...

Ensimmäinen taivas oli kun sielu kohoaa,
neljäkymmentäasteisesta ulkohuurteesta ja kirpaisevasta
avannosta lämpimän tuvan hellivän lämpöön,
joka tuntuu kuin hieronnata.

Toinen taivas oli kireät ja valtavat lihakset,
suonet ja nikamat, jotka kolmekymmentä vuotta
olivat tehneet työtä tietämättä
hieronnan tarpeesta, ihmisen kosketuksesta.

Kolmas taivas oli nainen,
purskahtelevien lähteiden
selittämätön lihapuutarha,
ylensyönnin ihoinen labyrintti,
johon upota. Appelsiinimehun virtaus
iholla, josta tippui ihanuuden
eliksiirin monivärisiä pisaroita
heijastaen rakastajansa
kaunista kaipausta.

Neljäs taivas oli henkistä intohimoa,
syödä elämän mysteeri ahmimalla
ja purkaa tämä himo
maailmaan kirjallisuutta, elokuvaa,
musiikkia ja kaikkia muita
ihania aloja kautta kohti raikuvia
aplodistadioneita.

Viides taivas oli tehty ystävyyssuhteista,
rakkausuhteista. Platonisen yhteyden
pyhyydestä, ihmisistä,
joiden ei halunnut koskaan kuolevan koska
he olivat niin arvokkaita.

Kuudes taivas oli ikimuistoiset kokemukset,
yhteenkuuluvuuden tunteet,
muistot menneisyydestä, joiden eteen
oli kuorrutettu lumikinoksia
ja satumaailmaa.

Seitsemäs taivas oli Jumala,
äärettömän rakastava,
äärettömän huolehtiva, äärettömän välittävä
ja äärettömän hellä isähahmo,
jossa miljardit kaoottiset kivut ja surut muotoituivat
selittämättömän suunnitelman
kuvioksi, maailmankaikkeuden
hyvyydeksi ja rakkaudeksi.

Audrey Hepburn 1988

(omistettu äideille)

Minä etsin kauneutta kuoleman vainioiden läpi,
kuin patsasta Hollywoodin kulta-ajalta,
en löytänyt muita kasvoja kuin sinun
ja ne kasvot, joita olin rakastanut elämässäni niin yksin.

Kasvoissa oli jokin tuttu muoto,
joka oli tarkoitettu olla minun rakastamaa,
niissä oli jotain samankaltaisuutta,
joka sävelsi rytmin ja melodian mieleeni, sydämeeni.

On arvokkuudenrakastaja se, joka kauneuttasi kaipaa,
kun maailma hukkuu ilkeyteen ja sotaan,
on arvokkuudenrakastaja se, joka kauneuttasi rakastaa
ja kauneutesi on hiljaista pyhyyttä.

Nyt ajatus sinusta katoaa iltaa vasten,
ja ajattelen tuhansia liljoja ja ruusuja,
ne symboloivat jotain kaunista mielessäni,
kuin tyylitaju joka ei ikinä katoa.

On arvokkuudenrakastaja se, joka kauneuttasi kaipaa,
kun maailma hukkuu ilkeyteen ja sotaan,
on arvokkuudenrakastaja se, joka kauneuttasi rakastaa
ja kauneutesi on hiljaista pyhyyttä.

On arvokkuudenrakastaja se, joka kauneuttasi kaipaa,
kun maailma hukkuu ilkeyteen ja sotaan,
on arvokkuudenrakastaja se, joka kauneuttasi rakastaa
ja kauneutesi on hiljaista pyhyyttä.

Iänkaikkinen

Se pyhä usko, joka iskostuu vuosikymmeniin,
suhteessa iseihimme ja äiteihimme,
puun haju kaukaa metsästä,
valokuva oppilaista,
sukupolvi on vuosisadan huone.

Minä olisin hyvä sotilas, ateistina,
en uskoisi kuolemanjälkeiseen elämään,
puolustaisin jotain oikeutta, ilmaisunvapautta,
tarkoilla, eksakteilla luodinlaukaisuilla.

Vaan minä olen amputoitu, minä olen haavoittunut
minä taistelen puolesta kotimaani,

Minä olen amputoitu, minä olen haavoittunut
minä taistelen puolesta kotimaani,

...minä olen kaikkia näitä asioita,
kun puolustan Jumalan kautta iänkaikkista, iänkaikkista...

Maailmassa on miljardeja lähteitä,
miehissä on veljeyttä, kunniallista veljeyttä,
kansan on suurta rakkautta, suurta hurmosta
huume on kokea veli sisko sielua kohottavana.

Meidän täytyy pukea sotavaatteet yllemme,
kaveri, veli, solidaarisuus ennen tyhjyyttä,
ihmisyyttä puolustaa henkeen ja vereen
uskoton, uskonnoton sotilas.

Vaan minä olen amputoitu, minä olen haavoittunut
minä taistelen puolesta kotimaani,

Minä olen amputoitu, minä olen haavoittunut
minä taistelen puolesta kotimaani,

...minä olen kaikkia näitä asioita,
kun puolustan Jumalan kautta iänkaikkista, iänkaikkista...

Nukke

kristitty, dogmaattinen, säännöstelty gramofonikoje,
kuin juusto, laatikko paketissa prosessointia varten,
ortodoksi virkapuku, byrokraatti asianajajanainen,
jäätynyt kuori ympärillä kylmän ja tylyn vartalon,

minä olen rakastunut kireyteenne ja univormuihinne,
kehoni jännittynyt, nettihirviö, pyörätuolikone,
joku kuljettaa pyörätuolia ja ujouteni on kauheaa,
sinä annat lausuntoja virallisen mikrofonin takana,

paljastu todeksi, riisuudu paljaaksi,
paljastu todeksi, riisuudu paljaaksi,

näytä minulle mistä olet kotoisin,
minä en halua olla yksin,
näytä minulle mistä olen kotoisin,
sinä et halua olla yksin,

rakastunut koronan aikakautena maskikasvoihinne,
olen rakastunut nukkeen, kireän naisen muotokuvaan,
kuin pornoelokuva, jossa on kaksi kristittyä nukkumassa,
vaimo tietää miehen tarvitsevan ruokaa ja laittaa aina ruokaa...

paljastu todeksi, riisuudu paljaaksi...
paljastu todeksi, riisuudu paljaaksi...

näytä minulle mistä olet kotoisin,
minä en halua olla yksin,
näytä minulle mistä olet kotoisin,
sinä et halua olla yksin,

näytä minulle mistä olet kotoisin,
minä en halua olla yksin,
näytä minulle mistä olet kotoisin,
sinä et halua olla yksin,

V

Atlas

säv ja san. Joni Järvi-Laturi

Dm
luonto äärettömän
        Am
jylhällä äänellään
        Em
meitä viehättää
        Am
pimeyden keskellä,
        Dm
on Suomen metsät
        Am
niin kovin hämärät
        Em
en kuule ääniä
        Am
en kuule kiireitä

Am Em D Em kertaa 2

        Dm
ja luonnon äärellä
        Am
nuotiopiirissä
        Em
pyhän hämärää
        Am
niin salaperäistä
        Dm
ja luonnon keskellä
        Am
nuotiopiirissä
        Em
en kuule ääniä
        Am
en kuule kiireitä

Am Em D Em kertaa 2

Em Am D Em
kuin puu, tuulen kuiskima,
puu, joka kasvaa hiljaa
alla maan, haavana
valtava laulu, Atlaan

Dm Am Em Am kaksi kertaa

Dm Am Em Am
kierrätyspisteistä selfie-kuvia
digilehtiä uutisoimassa
biohajoavien tunteiden
pintapuolista kryptiikkaa

pirskoutuen e-kirja-tulvaan
pirskoutuen e-kirja-turvaan
pirskoutuen e-kirja-tulvaan
pirskoutuen e-kirja-turvaan

Am Em D Em kertaa 2

Em Am D Em
kuin puu, tuulen kuiskima,
puu, joka kasvaa hiljaa
alla maan, haavana
valtava laulu, Atlaan

Em Am D Em
kuin puu, tuulen kuiskima,
puu, joka kasvaa hiljaa
alla maan, haavana
valtava laulu, Atlaan

Cinderella

sävellys ja sanoitus:
Joni Järvi-Laturi

Em en tiennyt mitään illan riennoista
Am en tiennyt Tuhkimoista, en lihan iloista
D ja vaikka näin niin paljon ilon muotoja
Em en kohdannut niitä elämäni aikana

Em en tiennyt rakkaudesta, rakkauden lajeista
Am en tiennyt mascarasta, draaman saleista
D ja vaikka eksotiikka oli oma tajunsa
Em en ottanut rakkautta, en romanssejakaan

Em prinsessoja, tanssijoita
Am en ollut nähnyt paljon taiteilijoita
D värin miljoonia ylpeitä iloja
Em kun tanssi sateenkaari Cinderellana

Em Cinderellana **Am**
D maailmankuvan maalaamista **Em**
Em Cinderellana **Am**
D Cinderellana **Em**

(instrumentaalinen väliosa)

Em en tiennyt paraateista, en paratiiseista
Am en tiennyt paljoakaan rakasteluista
D ja vaikka tein työni aina hiljaa taustalla
Em puoliksi joku aina veti kiehtovaan

Em prinsessoja, tanssijoita,
Am en ollut nähnyt paljon taiteilijoita
D värin miljoonia ylpeitä iloja
Em kun tanssi sateenkaari Cinderellana

Em Cinderellana **Am**
D maailmankuvan maalaamista **Em**
Em Cinderellana **Am**
D Cinderellana **Em**

(instrumentaalinen väliosa)

(kertosäe varmaan vielä kerran)

VI

Kaksikymmentävuotias

(runo viimeaikaisista intohimoistani)

Rakastan tsiigata talk-show-iltoja,
kaksikymmentä vuotta sitten filmattuja,
maanalainen huumori ruohonjuuritason studiolla
vanhoina hyvinä aikoina.

Ja ajatella, millaista oli silloin kaksikymmentä vuotta sitten,
kuolemat, riidat, tragediat, ilot
vuodet, vuodenajat merkkeinä,
sähkökatkos, pimeä studio, sketsien hyvänolon sopukka.

Rakastan haikailla yhteisöllisiä talk show-iltoja,
taustalla tummansininen iltataivas,
älykkäiden käsikirjoittajien kevyt, koominen kapina,
nyt tuokin kauneuden puistokuja on kaupallistettua.

Ja ajatella miten taivaallista ja iltaista ja sensuellia
on kadota iltaan, jolloin saan nauttia kuumasta hieronnasta,
ja antaa tutun ja turvallisen talk show-komiikan tuudittaa,
kun takana on aamu, jolloin kävin Keskustassa ja rauhallisella pajalla,
niin ihanan virallista ja arkista.

Rakastan tutustua rock n' roll-albumiin,
joka levytettiin kaksikymmentä vuotta sitten,
tarinoilla suurkaupungista ja mereltä,
naislaulaja soittaa sähkökitaralla rock n' rollia,
levyn kannessa hän kulkee Manhattanin iltaa käsilaukku olallaan.

Samalla kun kaipaan sähkökitaraa,
hallita virtuoosin lailla koko sävelten lauta,
tutustua kitarakirjaan täynnä kuvia kitaristeista,
rujon rakkauden taiteilijat, nuo rock n' rollin mestaripelaajat.

Ja ajatella, sormijärjestelmät jotka kokkaavat otelaudalla
ovat traditiota ja taidetta, sormet ovat armeija,
ja näppäily on rajatonta maailmankaikkeuden maalaamista,

melodiat ja riffit ovat akvarelleja,
ja rock n' rollin tietosanakirja jumalaista kirjallisuutta.

Rakastaa sointukuvioita ja sketsiteollisuutta,
sivistyneiden iltojen hiljaista arvokkuutta,
juoda appelsiinimehua ja coca colaa,
digata kun puhutaan turhaa ja tuudittavaa,
rakastaa tupakoimista ja purujen kulumista syvään iltaan.